JN438374

꿀벌 펜션

시와사상 시인선 29

꿀벌 펜션

김미순 시집

시와사상사

작가의 말

미궁에 빠진 나를 찾으면
늘 현기증에 시달린다
예약된 시간엔 녹슨 컴퓨터와 손가락이 자라고
무덤에서 무한한 화선지을 찾아 헤맨다
화폭은 세계를 돌아다닌 여행길
울창한 숲을 조금 보았다
얼굴 없는 지휘자가 무채색 웃음을 띤다
들끓는 소음 중에도 몸 푸는 자리
귀인은 언제 당도할까
아무도 이름은 지워 주지 않았다
바다로 가득 메운 내 얼굴은 가끔씩
낯설게 느껴진다
썰물이 흔들리며 퍼즐을 맞춘다

– 2018년 가을

김미순

차례

제 2 부

차례

제 3 부

제 4 부

제1부

타임캡슐

무형의 시간은 알을 품어가는 마법이다 페달을 발아시키는 눈빛에 희석되는 발자국, 환한 후크가 유리창에 비친다 몇 년간 공백에 잠긴 채 발효된다

작은 캡슐 안에 갇혀있는 나는 미네랄 속으로 눈비가 잦아들고 작은 더듬이로 숲을 헤치며 지문을 찾아 물자국 번지는 물비린내 계곡에서 한참동안 편집된다

순환된 버튼을 찾기 위해 정류소마다 기웃거리고 에너지 전환에 몰두한다 뒷문을 나서자 싱가폴 오차드 로드 해외1호 매장에서 첫 발을 떼며 나온다

풀지 못한 비밀에 지폐의 속도가 푸르다 벚꽃 길에서 한참을 머뭇거리다 터널 속으로 하품을 키우는 동안 모래바람에 시선을 돌린 넓은 공터에서 헛것을 보고 타임머신을 놓쳐버린다

실체의 변화는 변형되고 나를 해체한 손전등을 든 여자가 애인에게 카톡을 날린다

아직 주민번호는 살아남은 것끼리 사는 법이다

각질 드라마

끈적거리는 액체가 흘러내린다
어둠을 밀어낸 것은 밀랍이다
꽃씨 속에 궁전을 짓고
줄기에 클래식 업데이트를 한다
애벌레들이 단내를 배설한다
눈 없는 돼지, 팔 없는 거품, 다리 없는 조명이
거친 사물을 만들고 흠집을 남긴다
하얀 산수화가 조각된 대리석 집에서 채송화는 놀고
건조한 날의 연속이지만
단내를 맡는 식탁이 탐욕스럽다
나는 구름과 이슬과 공기방울을 햇볕에 말리며
노란 소스를 벽체에 가둔다
낯가림하는 적막은 생각하느라
차가운 잎이다
앞질러 가는 소리를 손에 쥐고
커다란 귀를 쫑긋 세운다
투명한 빛을 발설하는
노을은 기약 없는 꿈을 꾼다

가지런한, 향유

해바라기 네 송이가
불빛에 몸을 묻고 하모니카를 분다
마이크 한 개를 중간에 두고
차가운 몸으로 조율한다
얼마나 눈을 감고 호흡을 참았을까

끊어질 듯 고무줄을 입에 물고
리듬 속에서 올라오는 음악 냄새
아스라한 저 울음, 바다 속이다

널브러진 바람 속에서 눈보라가 멈춘다
수면에서 건져 올린 내 노래도
설원에 잠겨있는 고래에게 던져준다

온풍기 바람이 끊임없이 와 닿고
곧 흰 눈이 재주를 부릴 것이다
젖은 아가미로 배를 물에 띄어놓고
외출한 음악을 살리고 있다

배 안에 스며든 소금 바닥에서
그늘은 머리카락 속에 음악을 짓는다

간첩

일어나면 눈이 없어요
감각적인 수염만 지상을 타요
살아 기어 다니는 유충만 찾는
먹이가 된 지렁이는 슬퍼요
대낮에 숨죽이며
얼굴이 흘러내리는 땅굴을 파요
땅굴 안에 집을 짓고
몸을 숨긴 밤의 저수지에
진흙 묻은 달이 솟아오르고
몸 가둘 수 있는 곳 어디나 그렇듯
아무도 모르게 낡아가는
낙엽들이 형체를 덮어줘요
어디선가 엿듣고 있었는지
양심은 바짝 엎드려 숨어 있어요
세상 속에서 수면 위로 지하를 복제해요
환상의 빛을 말리는 낯두꺼운 철판 같아요
바람의 피를 마시며 흔들리기 시작해요
밭두렁에서는 걸쳐 입은 산소가
제 몸 가두는 법을 익혀
봉분을 가지고 논 흔적에 귀가 아려요

아무 것도 없는 산에, 습한 입술의 냄새를 가진
마른 꽃잎 한 장의 휘파람 소리가
뒤집힌 섬 바닥까지 들어다 보고
넋 놓고 울고 있어요

검은 배

물속으로 의아심을 끌고 들어간다
꼬리쳐진 내 눈은
출렁거리는 물살 끝가지마다
거대한 물덩이들이 각질을 이루고 있다
물에 닿으면 물이 되는 동화력
당기면 알몸을 향해 딸려 오고
밖으로 나가는 길은 보이지 않는다
아무도 보지 않는 곳에서
비밀통로를 찾아 헤맨다
어둠을 되비추며 떨어지는 물은
비틀거리는 법도 안다
뿌리박힌 무거운 하루는
유유히 물속으로 헤엄치다
모서리 틈에 낀 채
낮은 마음으로 물음표를 던진다
그냥 건드려도 떨어지는 것
누가 보기 전에 오른다
남의 수도꼭지를 틀며 물을 뒤집어쓰고
상처 사이로
조용히 손이 훑어 내려간다

묵은 때를 말아 쥐는 동안
껍질만 흔하게 차려입고
비타민D 속으로 먹이를 향해 걸어 들어간다

격투기

말라버린 젖을 빨다 쓰러진 아기 코뿔소까지
사람들은 때려눕힌다

아기 코뿔소는 핸드 랩 붕대로 촘촘하게 감겨
푸른 손 헬리콥터에 거꾸로 매달려 날아간다
두 손 힘껏 모아 쥔 흔들리는 몸 한쪽으로 기울어
진다

수많은 어깨와 어깨들이 스쳐 지나간다

지친 목을 늘어뜨린 어미 눈은 무너진 오후를 등
에 지고
차오를 날개 하나를 잃어버린다
궤도를 이탈한 톱니바퀴의 행성은
깊은 잠에서 깨어난 관절로 불거진다

젖은 하늘에서 언제 눈을 떠야 하는지
죽은 날들이 잠시 머뭇거린다
오랫동안 잠을 설친 새벽이 눈을 뜰 때마다
누군가 두드리고 간 현관문에

걸려 있는 바람 굽은 대답이 없다

가슴 가득 올라오는 심장박동소리에 얼굴을 파묻고
검은 가슴을 쏟는 간절함이다
저 높푸른 하늘 속으로 아침을 기다린다
포복이란 불안 속 균열
셔터 속에 갇혀있는 한 장 리얼리즘이다
아직 마지막 쓰지 않은 큐시트를 들고
링으로 솟구쳐 오른다

고치의 물빛

입술에 묻은 오디는 붉은 악기다
루즈를 칠한 내 이력은 뒤집힌 곤욕이 묻어난다
굴뚝 연기에 잠긴 하루
조금씩 움직이는 구름을 비켜가고 있다
부르튼 손은 막힌 내장이다
자취 없는 몸이 눕자 가늠할 수 없는
사색에 물든 더듬이를 세운다
한 잠 두 잠 꿈틀거리며 어디론가 솟아오른다
신의 일터에서 쉴 새 없이 영혼들과 즐기며
날 새는 줄 모르게
젖은 풀잎 위로 적막 하나 사방에 내려앉는다
간혹 그들이 뒤를 보는 동안
주저앉아 아무런 내색도 못한다
뽕이파리에 파묻혀
이리저리 뒹구는 동안에도
귀뚜라미 우는 소리 듣지 못한다
산 같은 침묵이 흐르지만
더듬이로 서로를 더듬거릴 때 다들 어디로 갔는지
몸 푸는 윗목에 희디흰 후유증을 만드는 순간이

다

죽은 듯 홀로 시간을 뒤척이며
널잠 속에서 잠덧으로
허공에 대고 자꾸 헛손질만 한다

관계

핑크빛 연한 가운은 형광등 불빛을 삼킨다
흔들리는 수액은 긴 낙화, 기둥 하나 붙들고서
아주 천천히 서늘한 냉기의 바늘을 정각에 맞춘다
지난밤 잘 잤느냐는 인사에 내 팔을 걷어챈다
모기 입술은 피하조직 혈관을 찾아내고
미세하게 떨고 있는 부질없는 신음마저 빼앗아간다
바늘 찌를 데 한 곳도 없이
손등에 멍이 나오고 부어오른다
심장은 뜨거워지다가 이내 차가워지고
니글거리며 코끝으로 타고 올라오는 비릿한 냄새
이튿날 아침에 나를 깨운다
붉은 정열은 튜브를 타고 빠져나가고
내 곁을 떠나기 싫다고 잘 끌려가지 않으려 소리친다
소리가 있는 건 죽지 않고 살아 움직이고 있기 때문이다
화색化色의 속도는 차들의 머리 위로 누워서 흔들린다

조금 가벼워진 숨결이 잠을 살짝 청할 것만 같다
잡음이 들리자
커튼 사이로 별빛이 이불깃을 타고 넘어온다
다정한 질문은 내게 던져지고
한꺼번에 껴안을 수 없어 빈자리부터 메운다
도어를 살짝 돌리자 찬 공기를 타고 풍선 몇 개 날아간다
이제 나도 수습할 수 없는 자세부터 교정해야겠다
이쪽 몸이 저쪽에게 바람을 건네주고
빨강 풍선의 관계는 무섭게 시작된다

그믐밤의 주파수

엘리베이터가 방전된다 그믐밤은 잘려나가고 꽃향기는 폐업하고 언제 기다렸다가 걸음마를 하나, 비둘기 한 마리 예인선에 앉아 스텐 난간을 붙잡고 있다 옆으로 날개가 돋아 한 발 두 발 무겁게 내딛는 옆걸음이다

화분갈이하며 내뱉는 말은 가장 아득한 음악회 출구에서 휘어지고 부지런한 고요의 무게는 엉뚱한 행동에 귀 밖으로 흘러나온다 몸은 잠시도 그냥 못 있고 섣달에 핀 나비인 듯 스텐 기둥을 미끄럼 탄다

멈춰있던 주파수는 공기 속으로 올라가고 있다 이런 자유의 열쇠는 무엇 때문인지 공사판의 일용직 결심은 흩어지고, 끝나지 않는 변곡점 온도는 소통하는 구름으로 묻는다 깊은 터널 속으로 들어가는 얼음 꽃은 고개를 처박고 코를 곤다 지상에 남아 있는 부재 도서관은 어두워지고 있다

글라이더 후크달기

반나절을 보내고서야 토우잉 줄을 당긴다
되새김질하는 만찬은 버튼이다
메뉴 구성 무게중심점을 받혀 수평이 되면
포스팅이 기재된 맛 들인 바느질을 접촉한다
프로젝트를 고정한 불멸의 바늘이
아래쪽으로 진행되게 스쳐가는 순간
재단이 완료된 것은 변화를 몰고 간다
반란하는 바람이 후크를 단다
양단에 얼굴이 겹치는 부분은 더 거리를 두고
지그재그 단차를 없앤다
무거운 그늘을 한 바퀴 감으면서 마임 체조를 한다
전봇대 없는 공항이 생기고
자음 한 자라도 내 안에 있는 생각을 버린다
스프링클러가 작동을 멈추자
나는 고장 난 미로 속으로 헤맨다
빠르게 퍼진 검은 구름이 재봉틀 위에
역광으로 방향을 지시한다
단편적인 뿌리에 들키지 않는 것에 대해
풍경은 무언의 시간을 환산해
초능력 글라이더 내 관문에 키우고 있다

꺼꾸리 머신

찌끄미 누런 털이 벤치에서 하품을 한다

어슬렁거리며 소나무 그림자 위에 엎드린 조류가

사타구니를 빨고 있다

오랜 시간 굶주린, 섹시한 척

하얀 이불을 더럽히며, 에움길 문을 두드리면

너무 늦게 만난 미물들의 핑크빛 눈물은

쫓아오는 불빛에 높은 몸을 포갠다

은밀한 대화가 기승하는 숲에 들어서는 순간

썩고 있는 어류는 쿠린 손을 내밀며

묘지를 휘둘러 도는 바람개비

헐렁한 외투 속에서 가쁜 숨을 몰아쉰다

양생중

"나를 건드리지 마세요"
막창 난 이면도로에 뉴스 공장을 짓는
목록엔 세면과 모래와 물, 거친 파장을 섞어 배합한다
에어공기방울로 숙성시키고
전략으로 가는 과도기의 오염물질이 분쇄된다
적혈구 수치로 빛을 발상하는
금빛 스키보드가 하늘을 난다
맞물려 돌아가는 깊이는
무덤에서 걸어 나온 긴 여행이다
알 수 없는 톱니바퀴 속으로 나는 들어간다
분양받은 자판기는 흥미로운 모험이다
땀방울은 편한 츄리닝으로 갈아입는다
풀지 못한 실타래는 어둠을 타고 걸어 나오고
너와 나의 온도차는 생성될 세포분열이다
내 고독한 골든데이가 따라다닌다
해결해야만 하는 숨은 타짜
바람이 풀어놓은 발소리가 가득 차오른다
한 방울의 물을 움켜지고
입술을 깨물며 미래를 증식하는
희석된 나는 심해 협곡에다 수혈을 한다

꿀벌 펜션

항아리 속으로 배추흰나비가 슬쩍 들어간다 푸른 벌판을 넘지 못한 비밀의 관문이 하나 있고 그 위치를 알아내기 위해 덤불 안으로 들어가면 날개는 멸종되지 않는 이브의 초원에서 포식자의 프리즘으로 소리를 먹는다

긴 여백에도 벗어놓았던 길을 품고 얽혀 있는 꽃술의 얼굴들이 살아나고 있다 아지랑이 잠깐 빌려 쓴 공기방울 목걸이를 목에 걸고 눈에 보이는 은유들을 거침없이 쏟아내는 끈질긴 질주는 은유 속으로 들어간다

밤이 되면 사라지는 왕벌은 원리를 터득하는 한 마리 이방인이다

야행성 빛들이 고구마 밭을 서리하고 씨암탉은 밤 사이 이슬이 되고 풀꽃들의 재치가 날아가 버린다

채집된 어두운 가방 속에서 뿌리내린 채 꽃들은

계절별로 감전되고 있다

희미한 무늬는 아직 가보지 못한 좁은 문, 열면
펼쳐지는 마비된 하반신이다

플래시 터지지 않는 방

베로니카

내 몸에 물음표가 들어오면
의학 잡지가 넘어간다
낫지 않은 상처를 후회하지 않기 위해서
잡지는 떨어질 수 없는 친구
너가 나를 키웠고 너 없인 못 산다
품에 안고 누구에게도 물려줄 생각 없다
낡아 흐드러진 내 몸 조심스럽게
머리맡에 얹어 놓고
사람과 사람 사이를 건널 때도
거리 안에 모든 사물을 이고
하루를 견딜 수 있도록
내 머릿속에 있는 다른 것을 위해
베로니카가 살고 있다
시간 쪼개서 너를 알고 싶다
같이 누워 잠들었던 다락방
아침이 어색하기만한 시선
처음부터 아무도 살지 않았고
난 무엇 때문에 여기까지 왔는가
있는 듯 없는 듯 귀퉁이에 숨어
고스란히 대우받아 본 적 없다

감당하기 힘든 바람을 맞고
세상을 받친다
지탱하는 숨은 힘, 너 베로니카
나는 간간히 온기마저
견디기 힘든
죽은 것들이 또렷하게 다가온다

내가 머무르고 있는 방

나의 흐릿한 밤은
탁한 산소를 몰고 다니다 숨소리를 다듬는다

외출할 때 자동문을 점검한 내가 거듭 돌아온다
가스 밸브도 다시 잠근다
어둠으로 채취한 도시가 허우적거리며 주저앉는다

나의 각막은 초현실적인 비애 속으로 들어간다 절실했던, 구역질나게 j를 어떤 이는 y를 배고픈 늑대는 b를 절실하게 그 시대에 뛰어넘어 연두의 구획된 얼굴들이 저울추를 방목한다 부호도 없는 얼굴을 강물이 역류하고 작은 입자들이 모여 풀어놓은 듯한 형체가 순장되고 허공에서 맴도는 나뭇잎과 나의 발자국은 자동차 바퀴에 탈골된다

수위를 맴돌던 바람은 개찰구를 지나 무임승차를 한다
치매를 앓고 있는 방은 아직 가보지 못한
내면이 가 닿는 그 곳에 내가 가득 쌓여있다

하이힐이 없어졌다

세 번째 발바닥은 허공이다
그곳은 뒹구는 모서리다
몸이 공간을 뚫고 지나간다
깊은 웅덩이 살얼음을 뚫고 맨발이 된다
자동문에 쌓인 기억을 불꽃에 태우며
그 속에 가려진 플래시가 땅바닥에서
내 기초화장을 망가뜨리고 없다
유리관 속으로 내동댕이쳐진 내부는
숨 쉴 수가 없다
위로 오르고 싶은
키 크고 싶던 젊음의 가드라인은
수척한 뿔이다
홀로 쌓고 무너뜨린 풀잎에 이슬은
다시 도달할 수 없는 길을 걷는다
바람도 절뚝이며 날아가고
다시 어두워진 일기예보에 귀를 세운다

내가 본 의상실

모퉁이를 돌던 흙먼지가 눈을 찌른다
쇼윈도에서 마네킹은 푸른 레이저를 쏜다
입술을 앙 다물고 시간이 흐른다
머리는 어디다가 내동댕이치고
달력 위에 날짜만 짚고 있나
탈색된 핑크빛 투피스를 여름 한 철 입고 섰다
손으로 매무새를 만진다
창틀 갈라진 틈 사이를 왔다 갔다
만월은 어둠 속에서 허공에다 맨손을 뒤척인다
오랜 객지 생활에 찌들려
달콤하게 익은 복숭아다
아무리 가꾸어도 머리카락은 성별로 빚어진다
짙은 속눈썹 사이로 달빛이 물들면
살짝 보이는 벼논에 물고랑은 우두커니 앉아 있다
빛은 파열음이다
소낙비는 거꾸로 뛰어간다
굵은 빗줄기 사이로 검정 고무신은 분주하다
논바닥은 허물어져 죄인으로 산다
비는 개이고, 떠다니던 구름이 가게 안으로 들어
온다

인기척도 없는 출입문을 닫는다
쇼윈도 유리창 너머로 보이는 재봉틀은
활짝 핀 보름달을 수놓는다

노다지 독서

하얀 아카시아 꽃그늘 아래서
숨어 지내는 단풍마는
두꺼운 별이불을 덮고
폭삭한 낙엽 속에서 누드를 즐겨요
심해어들은 12월의 저수지에 살고 있어요
오래 바라보니 처음 같지 않아요
거대한 정원에 있는 뿌리가
신호도 무시한 채 끝도 없이 딸려나온 후손들
얼마나 오랫동안 터전을 잡고 살았으면
지루한 오후예요
어딘가로 꽃피우기 위해선
침묵으로 흘러들어요
내 품에 꼭 안겨 젖 냄새를 맡으며
통나무집 대소쿠리를 분양받아 이사를 와요
이젠 파도의 방에서 나와 햇볕에서 연출해요
복덩이는 바쁘게 혈액을 타고 다니며
평상위에서 물갈퀴 바삭거리며 뛰어놀아요
나는 푸른 꼭짓점보다 더 귀한
한 그루 여행자와 지금도 동침 중이예요

제2부

로이유리 속에 들어앉다

나는 공중 그네 타는 공기방울이다
팔다리에 몇 겹의 핸들을 움직이며
안내방송을 듣는다
주차금지구역까지 견인조치될 모양이다
사이렌 소리를 공유하는 소화기는 불을 좋아한다
판타지 사이에서 나의 진행법은
형체가 검게 타 버린 지 오래다
얼굴을 지우기엔 적당한 양으로
리포트를 작성하고 있다
꿈이 관절을 핥고 있는 밤
몸은 깊은 우물에 풀어져 있고
어제 먹은 질문들이
버려진 축구공이 되어 탁한 공기를 토해낸다
살갗을 만지는 한 묶음 드라이플라워
풍장 하던 나비는 허기에 지쳐
발뒤꿈치 굳은살을 짊어진 신발에게
가지런한 어금니를 물린다
젖꼭지를 깨물은 밥알이 으깨어진다

달의 입

남포동 지하철 1번 출구를 나왔을 때
바다 쪽에서는 아직도 태어나지 않는 꿈들이 가라앉아 있다
가로등 높이를 메워버린 불빛 속으로
흩어진 소녀들이 그 앞을 지나갈 때
뜨거운 공기가 휩쓸고 지나간다

젊음이 터를 잡고 있는 유토피아에서
떠들썩했던 하루가 한참동안 머뭇거리다가
옷집 앞을 지나간다

팔월이 펼쳐 놓은 빨갛게 익은 소녀들
먼 기억 속 찬물에 담가놓은 생채기는 빙하만 남아 있다
우르르 몰려나간 길도 풀어져 버리고

수줍은 웃음꽃 환하게 열려있는 이파리들 사이에서
언제 피웠던 적 있었느냐며
습한 꿈속 검은 씨앗이 여문다

몸은 버려진 휴지가 되어 혼곤하다

어스름 저녁은
무슨 일로 책상과 삐걱거리며 전율을 만들까

달은 입이 무겁다

대답이 일어선다

나는 빨리 움직인다

늪

낮설게 응시하는 각진 얼굴
예리한 뼈가 직사각형으로 누워있다
출렁이는 도시 눈과 마주친다
차가운 살과 근육 사이 가르마는
어두운 무늬를 심는다
빗방울 소리는 강한 자존심
긴 건물 몸체가 거칠다
모퉁이로 걸어가다
건물 입구란 뜻을 읽어낼 수 없을 때
곡선이 휘어지는 쪽으로 건너간다
승용차 한 대 급하게 움찔거리다가
쏜살같이 달아나 버린다
신발 지문 위에 안도의 숨을 넘긴다
몸은 그 자리에 붙어버리고
미간은 구름으로 작곡한 안개로 쌓인다
걸어다니던 점퍼가 옷걸이에 걸릴 때
잠들지 못한 안부는 가깝다

바보가 행진하는 무대

배추밭 나방들이 공기로 내려앉기 시작한다 봄동으로 피어난 해거름은 일상적인 업무에 가린 풀빛이다 땀에 젖은 오동나무 손가락은 구부러져 펴지지 않고 호미자국이 그대로 남아있는 밭두렁이다 흙을 파헤치며 숨어든 아픔이 존재할 때 줄어든 배꼽을 만지며 공간을 확보하는 내 머릿속은 옮겨다니는 영양분이다 현기증이 난다 소리 없이 밀려오는 대량의 액체를 머리에 이고 끈적이는 파일에 복사된다 생각은 갈수록 과격해지고 남은 분량은 높은 온도가 낭비한 이파리다 텅 빈 집을 지키고 있는 가구들이 제 스스로 위치를 바꾸는 오후, 갑자기 그녀가 맨발로 뛰어나와 포옹을 한다

등 뒤의 문

관문을 벗어나기 위해 투명한 그림자는 거꾸로 자라고 있다 먼 곳 가는 길에 신들과 함께 무거운 뿌리는 남겨놓고 간다 사십구일 동안에 뒤덮고 있는 공기방울은 부조가 되어 떠오른다

첫 문을 통과하는 열쇠를 분실한다
나를 밖에서 꺼내줄 영혼을 찾아 헤매고 구름 속에서 절뚝이는 동안 유빙이 나를 가둔다 나무줄기가 나의 목을 조르고 괴물이 다리 하나를 먹어 치우고 비뚤어진 유령을 끌어안는다

둘째 문은 나의 바다에서 자란다 카펫을 등지고 향기를 키운다 화려한 춤으로 단 한 번의 착지를 홀로 남아 기다린다

셋째 문은 무게를 측량할 수 없는 냄새가 난다
넷째 문은 출생지가 어딘지 몰라 생각이 멈춘다
다섯째 문은 사라진 종이상자 속에 엎어진 울음이다
여섯째 문은 비커 속에 빠진 소환장이 꿈 속에서

해몽을 한다
마지막 관문은 어둠이 버티고 선 현판 앞에서 비릿한 표범에게 잡아먹힌다 구사일생으로 귀인을 만나 고수레 밥을 먹고 해골로 환생한다

죄가 갸우뚱거린다
배치된 넋들의 눈알이 몇 개의 회향을 허락한다

며칠 만에 깨어났는지 눈이 말똥거린다

바늘구멍

편의점 진열대가 중편소설을 읽는다
나는 아직 1차선 수족관에 마침표를 던져버린다
키친아트는 2차선 자동차 바퀴에 탈골되고

육교 앞에 세워둔 사라진 바다 달팽이가 귀를 연다
러브모텔에 설치된 늪지대에 들어가서

1차선 옆에서 속옷들이 하늘을 즐기는 동안
2차선 뒤에서 신발은 중고의자가 되어 날아오르고
3차선 앞에서 돌멩이는 노란 배가 되어 파도를 탄다

늙은 작가가 환한 미소로 내 더운 그림자를 편집한다
심해엔 풍란과 구름 등대엔 헤엄치는 해초들
떠오르는 도시의 회전문이 블랙홀에 감길 때
자유형으로 수영하는 오목거울은
배영으로 어눌하게 새침 뜨는
바깥은 등대를 저울질할 때, 침묵의 방에서 나온

나는 우주
너는 세계 속을 들어가는 굴절이다

파도와 알몸으로 엉켜 극락전까지 갔을 때
밀물은 튜브를 타고 토크쇼 진화가 흐르고

바다엔 왼손잡이 지폐
놓치는 봄날

바람의 두께

두 귀가 잘린 농아다
햇살은 각주로 박혀 숨죽여 누워 있고
먼지들은 잎들을 물어뜯으며 발바닥을 더듬는다
나는 엉겁결에 팔을 뻗어보지만
공간은 뜨거운 이마를 짚는다
모로 누워 움직이지 못하는 모음은 괄호 속에 숨는다
검은 달이 한밤중 마당에 펼쳐놓은 멍석에서
흰 달의 등을 긁는다
나는 잿빛을 안고 분주하게 뛰어다닌다
어둠이 뒤집힌다
이슬은 아침 일찍 뜬 눈이다
멀미가 느긋해진 넓은 여백에
잎사귀들이 허공에 기대어 물을 길어 올린다
오동나무 어깨에 수북이 내려앉은 골짜기
십일월의 숲에는 눈먼 어머니가 기다린다
여우 눈빛 쏘아대는 비탈에서 오그리고 있다
하나씩 던져지던 이불 계단이 보인다
책갈피는 검은 구름을 부른다
초롱불 뜨거운 중추에 질문이 쏟아진다

귀퉁이에 없어진 두 귀를 내려놓으며
바람에 구부러진 목을 들어본다

마약 옥수수

남포동 극장가 앞 젊은 입술들이
맛을 추구하는 포장마차 안에서
찜 솥뚜껑을 들고 칼을 꺼내 든다
목장갑 낀 손은 칼끝으로 맛을 세운다
긴 플라스틱 도마 옆구리에 숨 막히는 공기를 놓고
입맛만 다시며 한 마디도 없이
옥수수 가슴을 더듬으며 단추를 푼다

남자는 칠리소스를 칠하다 생각난 듯
조각난 치즈를 플라스틱 통에서 꺼내들고
경계 높이를 조절 한다

여자는 속눈썹 몇 조각 붙이고
남은 몇 올 눈썹에다 마스카라를 올린다
눈썹이 불어올 먼 곳 밝은 출구 쪽으로
흔들리는 바람은 치즈를 녹이고
어지러운 구름 저항을 만나
얼굴이 붉어질 때까지 역주행을 한다

드나드는 경계가

검은 고무줄로 도마 위에서 늘어났다 줄어들었다
붉은 마약이 흘러내린다
슬픔을 날려버리는 일은 아무것도 아니다
심장은 곤두박질 헤엄치는 땅끝에 버렸다

꼬여버린 좌판 위에서도
꼭 두세 뼘이 모자라 닿지 못하는 곳에 네가 있다
고쳐 당길 수 없는 길에 서 있는 발은 어쩔 수 없어도
언제 있었느냐는 듯
해가 불쑥 솟아오르는 아침에
푸른 전갈 밀봉해놓은 열애가 한창이다

밤을 자해하다

웃는 덧니는 죽은 애벌레다
꿈을 꾸며 흔들리는 마음은 날개다
탑은 한 움큼의 묘약이다
마음 골짜기에 흐르는 구름은
손목에 자해를 하고 아파트 옥상에 드러눕는다

새장의 커튼은 종류가 여러 개다
양말을 신고 잠이 들면 먼 곳을 여행한다

이상한 날이다, 버스를 타려는데
딸꾹질이 나오는 겨울 속에서 머물러 있다
엉켜 있는 대화는 누구의 소유일까?
꽃밭을 지나가는 바람이 눕는 소리
곰팡이가 햇살을 씹고 있다

하늘을 향한 끝방에서
나는 가야 할 길을 잃어버려 정적하고 논다
습관은 옆걸음질치는 통행시간이다
흐릿하게 보이는 물체는 넓은 부조가 되어
검붉은 냄새를 풍긴다

방음된 컵을 수집합니다

둥근 손잡이는 풀어야 할 비밀이 있습니다 열쇠는 수신 두절이란 문자를 밀어내고 암호화된 숫자가 미세먼지에 감염된 채 비를 맞고 있습니다 말똥거리는 몸통은 로봇이 되었습니다 붉은 눈의 리포트가 신문지 그림자에 편집되고 있습니다 하반신의 가드라인이 탈골되고 인스타 프로그램은 공식 페이스북에 초대됩니다 말 바꾸기 현수막만 걸려 있어 도시는 질문을 기다리고 있습니다 정면으로 못 가고 둘러서 가기로 풍향계를 돌립니다 아트 방식으로 내부를 설계합니다 위장된 나는 누구일까요 한 알의 씨앗으로 거닐다 꽃향기가 울타리 사이로 질주합니다 타인의 깊은 벽은 빗물의 거품 속으로 주저앉아 버립니다 한 치의 오차도 없이 스냅 난간을 탑니다 양생된 컵은 오늘도 필드를 뛰고 있는 깊은 세상, 그늘이라는 산책자입니다

벚꽃들의 잔혹사

꽃들이 화르르 관광차에서 뛰어내린다
발핀 계곡은 물구나무를 선다
수근 거리는 아랫도리를 반쯤 내린 채
조물주는 개찰구를 빠져나간다
환부를 비집고 들어온 벌똥별이 레이저를 쏜다
빛의 외출은 끝도 없이 언덕을 물고
흐려진 청각은 출생의 비밀이다
고도의 설계는 에어 포켓으로 들어간다
푸른 공기는 마녀 사냥에 나선다
목이 긴 도마뱀이 혀를 날름거리며 지나가고
삐에로는 터널 속으로 걸어 들어간다
잠깐 사이에 빼앗긴 꿈으로 가는 길엔
병든 꽃잎 하나 툭 건드리니 의자가 운다
숱한 환각의 화폭을 무너뜨린
파킨슨병은 꽃잎파리가 흔들린다
바로 앉지 못한 상다리가 색깔을 잃고
숟가락질은 모여드는 눈빛 속에서 젖은 누수
꽃구경 나온 버스는
옆구리에 꽃잎만 묻히고 돌아온다

만삭

계곡의 피부 근육은 어제와 다르다
잠 속으로 들어간 환경은 안전고리가 결빙되는 지문
늦었지만 한정된 공간에서 수주하고 있다
모바일 레드트리가 내면으로 들어와
난해한 여론에 선을 넘다 낱말을 맞춘다
깡마른 단풍은 블라인드 쳐진 사계절로 옮겨 다니다
다시 순회 설명회로 들어간다
기한이 지난 근로복지공단은 만삭이다
무수한 풍경과 여론 조사를 마친
날선 가시적 세계와
무딘 음률이 발밑에 와 있다
두리번거리는 검은 하모니가
나이테를 감고 몸살을 앓는다

부재중

바이러스 먹은 전화기는
통화기록이 모두 삭제되어 버렸다
내장이 탈난 큰 창자 사이 내 안의 나
즐겨 찾는 목록은 도착도 출발도 한 곳이다
검은 자막만 근처를 얼쩡거리다
녹선 안경이 떠다닌다
빗물 스며든 메뉴에 씌운 손수건
하늘 너머로 흩어질 시간일까
자는 날이 길다
불타는 프로그램만 내놓고
준엄한 취조에도 묵묵부답이다
너를 내 눈동자 위에 넣고 머쓱하다
서멀거리며 기어오르는 의문점은 풀리지 않고
답답한 침묵에, 어디론가 사라져 버린다
한 사람의 무덤 없는 무덤이다
꽉 다문 입속에 다하지 못한 말
신호는 가는데 무응답
부재는 견딜만해지기 때문이다
의심을 하다가도 나란히 늙어간다
화면에 눈동자를 파묻고 인공눈물을 흘려도

쉽게 창자를 꺼내 보여주지 않는
너와 나는 어쩔 수 없이 미쳐있는 사랑이다

블랙홀과 시차

그날 밤 헤어지고 나서 어떻게 시작되었나
그 외계인 키스가 수없이 지구를 방문한다
한쪽 눈을 감는 성스러운 알몸이다
개불만한 붉은색 성기는 문고리를 문지르다
자물쇠로 잠긴다
시장으로 걸어간 발자국이 집 앞에 섰을 때
초인종 누르지 않아도
숨어 있던 경계가 인체를 더럽히고 있다
얇은 지상에는 물거품 소리
완벽한 집과 불 태울 통로는 입술이다
우주가 음사된 태양의 크기는 실밥 터지는 몸이다
점보다 작아지는 것은 저물었는데
시리우스처럼 밝게 별자리가 휘어진다
얼굴은 매우 크고 가까워서
지구 온난화로 머리는 닿아있다
반세기 동안 밝게 펴져 있는 오후를 큰 눈으로 본다
리겔의 표면이 닿을 거리에서 신발을 벗고
침대에서 중심을 잃은 부은 무릎은
페트병 부피에 적힌 표시 없는 변화다
무기력하게 누워있는 질량은
기저귀에 성기를 꽂을 준비를 한다

비행

몸이 불편한 새가 웅크리고 앉아있다
잠시도 쉬지 않고
바람은 밖으로만 싸다닌다

파고드는 햇살이 목구멍을 막는다
수증기는 잠시도 쉬지 않고
짙은 구름으로 흘러 다닌다
서로 의견이 통하지 않아도 늘 햇볕을 부른다
억지로 대화를 시도하다
절정에 오른 확성기 할 말 못할 말 다 한다
입이 저항한다
귀가 아플만큼 향기가 도망쳐 버린다

새의 눈과 마주치자 전율이 온다
태양은 내 몸을 감싸고
부자연스럽지만
뭉쳐진 표정은 새의 발을 씻어준다

치매로 병석에 있는 호흡은 빗방울이다
빗방울은 오랫동안 밤하늘을 두드린다

빈 껍질만

카지노 둥근 테이블 위에 수많은 요리가 돌아간다
왼쪽으로 두 바퀴
역방향으로 제 위치
순방향이 먼저 보고 놓아버린 얼굴은 다만 방향 없이 돌고
고기 한 점 떠먹을 숟가락 없이 젓가락뿐
요리 집게를 식탁 위에 놓는다
포만한 테이블 음식에 접시들이 휘둥그래져 미쳐 버린다
국그릇 하나에서 거품 레시피 스스로 사그라진다
순간을 놓아버린 방향 잃은 허공
손님들이 몰려 들어온다
판단은 뇌 속에 머물고
비즈니스 음식은 잔뼈가 많아 목에 걸린다
젓가락으로 돈을 다 집어 모은다
테이블은 식탐하는 노예가 된다
냄새는 침을 삼킨다
탁자는 계속해서 돌아간다
부화되지 못한 오리알이 날아간다
놓여 있는 커브에 붉고 붉은 음식
빈 껍질만 바람에 날려 보낸다

사회적 순위

아직 덜 깬 닭의 하품 속으로 들어간다
몇 개의 화살 투쟁에 입 꾹 다물고
폐사하면서도 아주 낮게 수면에 밀착한다
개체식별은 과녁을 향해 날아간다
시위를 떠났기에 식솔도 버려둔 채
이번 구조조정은 몇 명이나 될까
꼬리 칸에 티백 자리라도 하나 주면 좋으련만
아직 입뿐인 채널이 여럿인데
활주로가 증발지에 누웠다
확성기가 머리에 하얀 두건을 쓰고
사하구청 앞에서 곡소리를 내고 있다
비정규직 자리에 죽은 숫자가 불어난다면
체류 장소에서 정자가 방출한다
미아가 된 낱말들은 퇴폐가 먼저다
쓸모없는 제라늄 발톱으로
주체할 수 없는 기형적 제거를 하고
달콤한 포도주 한 컵이 시계추에 매달린다
썩은 배는 반쪽과 교미하다가
난관 내면에 있는 정자소에 저장한다
수정률이 높은 월요일이 되면
영역이 확장된다

제3부

생물학적 수열

보이는 건 아홉과 열 사이
안전고리 균열이다
늦었지만 남은 전조는 걸음이 너무 빨라
테이프로 감아 놓아도
돌을 눌러 놓아도
블라인드 사이로 분류된 결투가 시작된다
사이렌 울리는 구급차가 지나가고
울음을 태운 부리를 드러낸다
조감도마다 숫자의 지도가 그려지고
정맥을 좀 먹는 벌레가 서식되어
나의 내면에 자리잡은 생채기다
"남은 날개를 사랑해 다오"
일출을 바라보며 표정에 복종한다
깃털이 옹알이를 한다
살짝 증기로 변하는 이기적인 환호
크레졸 냄새를 유포한다
표정이 튕겨나간다
한 두 평의 땅에 열병이 발아한다

서리꽃

남포동 서울깍두기 집에서 양지탕에다 숟가락을 구부린다
가슴에 낀 속옷이 찢긴 기분이다

겹겹이 세상 단면 통로를 왕래하며 떨리는 숨소리는
식당 안에 있는 낯선 눈빛들이 꽉 메운다

할아버지는 먹던 국물을 할머니에게 아무 표정 없이 부어주며
크리넥스 화장지로 입을 닦는다
사각 난 탁자에 앉아 젖은 밥그릇이 목구멍을 막는다
한 그릇 울음이 깊은 곳에서 뻗어나간다
할머닌 천천히 숟가락을 입속으로 입냄새 나는 검은 악보를 먹고
노부부는 설렁탕 한 그릇으로
가슴 안쪽에 머물고 있는 잘린 무는 깍두기가 되어
뿌리내린 잠이 눕는다

서리는 돋보기 속에서도 무거운 과제로 몸을 쌓고
펼쳐진 책 속 글자에서도 기어나와 바스락거린다
어느 자리에서도 떠날 수 없는 찌르레기가 가득 차있다

낙후되어가는 목덜미를 쓰다듬으며 걸어가는 뒷모습은 낯선 곳으로 출항을 깊숙이 증식한다
나는 논평 없이 받아들이면서 형체의 유사성은 잿빛이다

슬라이스에서 벗어나다

운명의 지도를 그려보아요
잘 이해되는 질문과 답이 있어요
내 수준에 맞게 인사이드로 패스해요
시계 방향으로 책상에 다가가면서
읽기가 까다로운 몸동작을 연습해요
어려움은 식탁처럼 놓여있어요
거기에는 나를 성장시키는
뮤지컬이 열려 있어요
백지에 운명선이 그려지면
현재 사용 중인 프로그램에서
복사한 내용으로 혀가 자라요
청아한 방향으로 보여 주어요
하나의 불빛으로 다가가는 발자국은
땅의 울림으로 파장을 몰아가고
구름 양탄자가 걷기 시작해요
겨울 꽃집에서 배달이 와요
몇 바퀴 여유분을 찾아다닌다고
접수 번호를 표지에 남기자
도서관 꽃밭에서 새어나오는 말
아직 봄은 오리무중이라네요

습작

입가에 미소가 흐르는 관문은
향기를 키우고, 눈을 뜨는 순간
몇 개의 허공에 당구공이 날아간다
검은 속내가 툭 불거져 나오는 마음이 엿보이면
겉옷을 걸치고 귀가를 서두른다

침묵을 깔아놓은 순간 실루엣 벽이 사라지고
애타다 남은 담배가 계산대에 걸터앉아
주인 눈치를 살핀다

자꾸만 짧아지는 너그러움이 유령처럼 웃는다
초코가루가 부스스 떨어지면 인내마저 흩어지고
눈을 떴다 감았다 하는 사이 채집된 환상들이 걸어나온다
기나긴 졸음에 깜짝 놀라 안개가 걷히는 시간
나는 큐대에 의지하여
안전한 착지에서 발바닥을 땅으로 딛는다

싱크대 산책

수도꼭지에서 흘러내리는 물이 하혈을 한다
아내가 개수대에 몸을 씻는다
바람의 지문은 시위를 하고
세제에 손을 담고 있으면
숨 막히는 뒤태는 크레졸 냄새를 풍긴다
찌꺼기들이 현기증의 머리를 꺼낸다
납작하게 엎드린 행주가 식탁을 키스하듯
배관은 포토라인에서 하나의 색조 화장을 한다
체온이 높은 물방울이 발을 구른다
슈퍼아이스 어깨는 날개다
설거지를 막 끝낸 물갈퀴는 강물이 잘리고
비린 물 그늘이 발소리를 죽인다
나의 희미함을 알아보고
졸음이 몰려오는 문을 두드린다
식기가 등을 확 끌어안는다
못 이기는 척 가만히 있다
물방울의 따뜻한 젖무덤에 애무를 하고
대답이 살며시 걸어 나올 때까지
나는 오늘도 잠겨있는 누드를 두드린다
안사람의 숨소리는 빨라지며
콘서트는 푸른 공기만 분해시킨다

썸 타기 좋은 날

노란 줄장미가 옷을 갈아입는다 사물들은 곤충들과 웃음을 나누며 말장난을 한다 나는 때를 묻히기 싫어 눈만 말똥거린다 탐욕스런 두 다리를 쭉 뻗으며 유리 스타킹 경험담을 늘어놓는다 장미가 웃는다 다람쥐가 끼어든다 특유의 속내를 내포하며 아름답지 못한 향을 발산한다 상큼하지 못한 무늬가 돋아나고 기억의 도수가 높아진다 순간 파도가 굵어진다 냄새는 조용하다 갑자기 또래 다람쥐들이 숲을 맴돈다 불쾌한 이미지는 흥분된다 마지막 버스는 마음을 진정시킨다 낯가림하는 오늘, 소개팅에서 뽑힌 내일, 그 뒤로 한 번도 보지 못하고 앞에만 꽃이 피는 갈랫길이다

검버섯 따기

순간 누린내가 난다
끈적이는 물체가 탄다
난로 근처를 살펴보니
어둠에서 나는 냄새가
생각을 계속 따라 다닌다
온 힘으로 밀어내는 갈색이
몸에 피어있는 버섯은 움직이는 것도 아닌데
수목 밑에 자리 잡은 꽃향기
살점 한 점 없이 완벽하게 자꾸 생겨난다
꺾어도 따내도
불어도 불어지지 않고 표피에 뿌리내린다
이젠 얼마 안 있으면 다시 엉키겠지만
낡은 지붕을 덮어쓰고 있는 우산은
뼈만 남을 때까지 나의 몸을 휘감고 있겠지
웃음이 멈출까 봐 두렵다
한 개의 손가락은 스위치
잠깐 꺼두고 바깥을 다녀왔다
고요가 외출 채비를 하고 있다

아이콘 진행 절차

일회용 종이컵이 샌다
계속해서 물고 늘이진다
전신은 가까이 있지만
생각은 흐트러져 방구석에 나뒹군다
겨울 밤,

컵에서 떨어진 커피는 더 웅장한 트로피 속으로 옮겨진다
왜소하지 않으려고 살을 찌우면서 거울 앞에 서면 흘러내리는 시냇물 소리가 돈으로 불탄다 잡으려고 온갖 힘을 쏟아 부었지만 투명한 현실 앞에선 어쩔 수 없다 흐르는 컵만 가지고 놀다 신대륙을 발견할 수 있기에 나는 아직 찰나 속

하늘거리며 넘어진 하늘
먼지로 털어 박힌 불규칙한 나날들이
혀끝에선 맹수의 감각으로 짙어간다

엘피판 위로 뛰는 바늘

구성된 화음이 돌아간다
귀를 열면 발라드 음악이 주파수를 맞춘다
한 방울씩 떨어지는 향은 우연히 서럽다
나를 구성한 소리에 일상적인 업무가
크고 작은 소리를 지르며
명지동 골목길을 빗질하고 있다
작은 알갱이들이 살아 숨 쉬는 곳에서
귀는 둔탁해지고
온종일 커다란 곡선을 이룬다
지금 이 시간에도 계량컵에 믹서 되어
몸은 끈질긴 실리콘이 되어간다
건조된 나는 물에 뛰어들어
액체들이 충돌하는 소리를 엿듣는다
분리된 채로 차갑고 신선한 의식으로
냄새가 남아있는 타원형 내부가 거칠다
소음을 끌어안고 흩어진 꽃잎은
검게 타들어간다
거품 위에 몸을 던진 불빛이 내려앉는다

작은 체온이

건축자재 사이로 음산한 초여름이 기어든다
쓰레기 사이로 난투극은 벌어지고
부릅뜬 눈은 무섭게 도망친다
소스라칠 느낌의 풍경이 지나간다
안정이 되질 않는 한 사내 벌렁 드러눕는다
아이 울음소리가 누웠다가 일어나며
순간 제동이 가해지면서
걷잡을 수 없이 불쾌해진다
사내는 몇 장의 시디 판을 들여다본다
뼈다귀 울고 있다, 에라 모르겠다
풀칠해야할 날들이 아직 썩은 통나무인데
누가 그랬는지 공간을 난도질하고
궁리 끝에 덫을 놓는다
윗옷을 벗어던지고
어둠 속에서 나를 건드리지 말라고 호통하는 사내
휴대폰의 흰빛이 터진다
고함을 지른다
흔해빠진 쥐구멍도 보이질 않는다

연두

해안선이 숨겨놓은 콩잎사귀에는
빨간 고추들이 빨간 노래를 부른다
늦잠에서 일어난 장난감 트럭에는
새벽 고추잠자리가 숫자를 외우고
귀퉁이에 무게를 놓아주던 정성어린 편지와
옆을 서성거리던 일기예보는
모퉁이를 돌아서 간다
뽀얗게 먼지 일으키던 호흡은 흩어졌다
삼분의 이는 오염되고
머뭇거리는 그림자를 향해
숲에서 찍은 사진을 보며 무어라 중얼거린다
그렇게 또 한 철 색이 바랜다
주소를 적어놓지 못한 땀방울이 흘러나온다
햇살은 난간을 집으며 발을 올린다
숨 쉴 사이도 없이 도랑을 향해 출발하고
덜컹거리며 풀쩍 치솟는 가랑이는
눈동자가 몸을 기울다 흔들린다
지름길로 돌아서 숨은 듯, 갈바람 밖에서 익어가고
뒤에서 꽃가루 뿌리며 몇 장 남은 꽃잎을 등지고
있다

은밀하게 단 하나의 생각에
목이 없는 장님이 되어
왕복 이차선 밖에서 맴돌다 최고의 완성이라는 듯
한참 동안 그대로 핀다
잠시 날아오른 갈색은 허공의 희미함에 취해 있다

열리지 않는 문

닫힌 문 사이로 기억을 움켜쥐고 있다
짙푸른 하늘 속 석순이 된 가을 강은
죽은 물을 토해낸다
하수도에서 내려오는 살을 바르는 동안
부식되지 않는 뼬 속에서 꿈틀거린다
흐트러진 호흡을 일으켜 세운다
무채색 음률이 조율되면 손놀림은 본능으로
무좀 생긴 새카만 손가락 보여주며 멍하니 앞만
본다
옆으로 전의된 망울들 지퍼를 닫고
링거병 달고 있는 모습은
매일 아프면 주삿바늘이 파먹는다
혓바닥 속에 넋두리로 흔적에 말아 쏟아넣고
빈말은 빠져나온다
위독한 시간들을 버리고 나면
빠지지 않는 자취가 지나가지 않는다
손으로 열리는 문은 계단을 쌓는다
공간에 혼자 있으면 잠그지 않고 지나친다
이제 지나간 순간들은 바닥에 깔고
보이지 않는 모두를 잠 깨어

안개 속으로 속잎을 오므린다
무언가에 홀린 것처럼 경련이 일어난다
추위가 엄습해 몸이 경직된다
열리지 않는 문고리를 잡아당기면
남기고 간 곤욕은 고깔모자 속으로 숨는다

위험한 도로

긴 케이블카 지나간 철로 위에
내 발걸음을 걸어둔다
머릿속은 에스컬레이터 톱니바퀴다

내리막길이 입을 크게 벌린다
그림자는 대협곡 사이로 미끄러진다
돌아서 보면 눈비 오고
어쩌다 햇볕 나나 싶더니
서너 개의 계단에 발이 젖는다
에스자 버스 안은 장애물 하나 귓전에 걸린다

주변에 보이는 것은 움직이는 어깨들이다
한 뼘도 안 되는 공간에서 서로 마주보는 위안
싱싱한 발걸음을 옮기면서
짙은 안개를 깨물며 도난당한 나를 찾는다
젖은 돌구멍 속으로 얼굴이 생겨난다
빈 구멍 속에 숨겨진 나는 페이지마다 지워진다

감추어진 벼랑을 회전하며 돌부리에 부딪혀 넘어
진다

무수히 흔들리다 나는 숨을 크게 쉰다
도로 입을 벌려 내 입김을 받아먹는다
다시 빈 허리끈 힘껏 두르며 춥게 홀로 서서
곰곰이 생각해 보면 한겨울이 더 따뜻하다
편한 신발이 생기고 투명한 유리 위에 얹혀 있는
내 모습에 웃음이 나온다

이명 서프라이즈

내 귀에 돌멩이가 살아 움직인다
넓이 가득 렌즈를 맞춘다
벽에 걸린 세상 속에서
손가락 한 개를 길게 내리뻗어
쉴 틈도 없이 돌을 걷어낸다
위치와 크기만 알려줄 뿐
모습을 내보인 적은 없다
온돌에 구워져 따끈하다
팔 따로, 목 따로
손에 잡히는 대로 부셔져 퍼즐을 분리하고
모공은 분말 위에 휩싸여 나뒹군다
귀 속에서 검은 바람이 목덜미로 새어나가다
목이 떨어진 사람들 속에서 첼로 줄이 물결친다
절룩거리는 다리가 발자국을 남기자
건반 속에서 눈을 깜박이는 남자
시퍼런 날 위에서 작두 타는 무녀는 춤을 춘다
조헌 장군이 칼을 들고 근엄하게 서 있고
파도 몸에서 모자 쓴 여자가 목을 쭉 뺀다
남자를 기르던 은행나무가
건널목 신호등을 눈에 넣고

부서지는 오후는 모니터 화면 속으로 들어간다
틀니를 빼놓은 혼령은
루즈를 짙게 바르고
열기를 내품으며 내 안에 들어앉는다

이방인

옆에서 나를 깨우는 거친 색채들이
건조한 공기를 내품는다
유리의 각도로 냄새는 끼어들 때마다 흔들리는
머리다
말 바꾸기를 자주 하는 아편은 불시착한 증언이다
지하철 안에 갇혀 탈출구를 찾지 못하고
지나가는 바람에게 두들겨 맞는다
팔 하나 심장 없는 나를 보며
최선의 발원지에 자존심을 버린다
내 머릿속은 빨래더미가 되어가고 있다
마음속에 있는 흐린 독백을 전하지 못해
허우적거리다 돌아오는 날이면
짙은 구름에 며칠 동안 묻히고 만다
안간힘으로 버티다 어딘가로 숨고 싶다
귀머거리가 된 어느 교실에서
나는 그믐달을 이고 뛰어봤다
앓아 누운 머리맡에 푸른 신호등은
새파랗게 저체온 현상으로
옆구리 한 쪽마저 북극곰이 되어
얼음 위를 둥둥 떠다니고 있을

순한 입이 내 손을 잡아준다
꽃으로 지장된 간이의자를 편다

잠들지 않는 물

손가락에 쥔 펜이 자국을 만드는 사이
21세 되던 해 동공에 스며든 백마탄 왕자
우선 책을 덮고 오색찬란한 안개에 싸였다
불어오는 바람을 그대로 묻어두고
모든 사물이 어둠 속에 숨어들 때
불길한 생각은 잠을 피해 갔다

이제 감각이 한 사람을 위해 변해 버렸고
망막은 어느새 고요가 되어 오랜 시간 흘렀다
후각이 마비되어 냄새도 맡지 못하고
변성된 날
청각만은 항상 쫑긋이 세워
누군가 속삭이는 소리 거슬려도 괘념掛念치 않고
혼자 독백을 하며 긴 여행에 끼어들기도 한다

잠에서 깨어난 아침
푸념 섞인 카랑카랑한 소리가 귀를 잡아끈다
지금까지 얼굴도 못 본 채
아내와 살아준 것이 무슨 큰 은전恩典인 듯
눈꺼풀을 떨며 아픔을 전해준다

아직 남아 있는 느낌으로 파고드는 몸짓은
갈수록 흐려지는 손떨림이다
삭은 팬티를 벗다 보면
땀에 젖어 찢어진다는 약속이 내 몸에 있다
뭉쳐진 묵은 근육 여러 겹 뜯어낸다
아직도 물은 잠들지 않았다

장미꽃 필 때 나는 딴전을 팔고 있었다

비밀이 갇혀 있는 자화상 위로
고백이 만져진다
고백은 숱한 눈이 보는 신비의 색깔이다

간결한 플래시가 터지는 순간
움직이는 재치를 그리기 시작한다
꽃은 하늘거리는 옷을 걸치고
돌담 너머로 사다리를 타고 내려온다
맑은 물소리 새소리가 낮게 부러진다
붉은 꽃잎들은 떨어져 쌓이고
눈망울 닮은 장미가 나타날 때
꽃은 비로소 비문碑文을 쓰기 시작한다

어제 죽은 왕오색나비 가슴에서
검은 봉지가 바람을 때리고 도망친다
오늘 태어난 얼룩숫매미는 스스로 제 상처에
못을 박고 앓는 소리를 낸다
죽어가는 입가에 피어오르는 망상
떠나는 사람의 웅성거림은 남겨지는 것이 없다

눈을 감고 낯선 곳을 걷는
말라버린 보드블록 위에서
크고 작은 모든 꽃은 출항이고
바람에 흔들리는 모든 관은 풀꽃이다

제4부

헛꽃의 입술

삽화는 외출하듯 태어났어요
상자 안에는 넓은 세계가 열려 있어요
달콤한 실밥들이 부풀고
항상 쫑긋 세워둔 내 귀는
청진할 수 없는 프린트가 인쇄되어요
입술의 끈적거리는 울음소리가 떨어지고
푸른 가슴을 열고 도회지로 뛰쳐나와요
귀를 기울이다 오후로 날아가는 문턱에서
서성이는 발자국 사이 바람이 되어요
건널목을 건너도 좋다고 허락을 받아요
꽃 천이 흐르는 큰물에 뛰어들어
신명나게 한 번 놀아 보았지요
잠깐이어요 아주 잠깐만요
정당한 얼굴로 조금씩 품삯을 쪼아먹고
갈색벌레는 휘파람이 진화되어
눈물을 흘리다가 비눗방울을 날려요
얼룩을 이용하려는 뱀들이 득실거려요
꾐에 빠져 몇 번이나 좌절해요
쓰러지는 햇볕은 어떻게 살았는지
저녁의 타자들이 조용히 외쳐요
요염한 도킹을 다시 내게 주세요

저울

시소에 반쯤 걸터앉은 상현달이
나무 그림자를 조금씩 갉아먹는다
검은 고양이 한 마리 반대편에서
하품하며 발끝에 힘을 준다
영역을 표시하며 다니는 중력은 누가 무게를 잘 놓나
거품을 걷어내면 깊이가 드러난다
이빨 하나를 찾으려고
어두운 제 살을 깎아 만들어낸 붉은 심장이다
분별할 수 없는 땅바닥에 부딪치자마자
발바닥에 부력이 달라붙어 위로 튕겨오른다
내부를 탐색하는 힘줄에 힘을 가한다

건반이 생각의 풀을 뜯고 있을 때, 나는 운동장 몇 바퀴를 돈다
나를 따라 돌던 풀어진 음악은 돌계단에 기대 답안지만 음계를 만들고
납작 엎드린 땅 위로
마른바닥 물살이 흔들린다

적막은 번지가 없다
승학로 육십 칠 번지
찾아오는 사람들의 온기에 입을 벌린다
금지된 소리를 받아 적고
바닥에서 올라온 유통기한을 버리지 못한다
품은 열이 부풀면 울음소리가 있다
기울기의 밑면과 윗면은 섞이지 않는다

전화 수신음을 삼켜버리다

손가락으로 빛을 자른다 가공한 팔을 움직이고
기운을 모아 공수를 준다 나만의 자발적 시간은 하
얀 스티로폼으로 견고한 자갈을 물린다

컴퓨터 텔레비전 냉장고 내가 만지면 그 순간부
터 고장이 난 것처럼 화면이 들어오지 않는다 다른
사람이 만지면 균열음이 들어온다

언제부터인가 디자인 작업은 열 한 시 방향을 가
리킨다
나는 세 시 방향을 바라보고 뒤뚱거린다

아주 큰 빛줄기가 인쇄물에서 쏟아 오른다
그 끝에서 치열한 심장소리가 맺히더니 조금씩
피어나기 시작한다
나에게 다가와, 가슴으로 괄호를 안겨준다
감당할 수 없는 빛의 질문들은 굴절되고

어디에서 발신음이 들려온다
꽃향기가 나를 발설한다

"밝은 날에 발원지를 물어다 주마"
목구멍으로 파도치는 벼랑 위의 환상은
걸터앉은 바람을 불러 모은다

점핑 웰니스 코치

달리는 러닝머신에 몸을 숨긴다
산소호흡기 속으로 없어진 두 다리를 찾으러
바람 속으로 들어간다
발원지가 없는 물갈퀴 속에서 나를 잃어버린 채
구름이 가지고 놀던 풍화작용에도
고속도로를 달리던 차는 멈춰 있고
달려오는 공기는 아가리를 벌리며
거친 피부로 달려온다
온 몸에 죽음의 전율이 몰려온다
납골당에서 화장될 한 채의 낡은 기계는
등고선을 찾아 헤맨다
파도의 방에서 나오지 못하고
본적이 어딘지도 모를 곳을 찾아
오늘도 해부 대상이다
미끄럼틀 앞에서 수없이 걸어왔지만
작은 물결에서부터 굵은 알갱이로 건너온다
숨소리가 눈을 뜨는 순간
형체도 없는 원본을 여행한다
은밀한 길을 뛰어 넘고
어둠 앞에서 뛰고 있는 나를 비추며
먼 곳까지 마중 나온 발걸음을 다지고 있다

접시의 척후병

붉은 플랑크톤이 해무에 덮여있다
무릎 연골을 배양하며 1행을 이루고
표정을 가꾸며 3문단을 채집한다
이젠 그만 내려놓고 싶어
한 조각 두 조각 여섯 조각 사이
각자의 방으로 격리시켜 놓고
다이옥신 빗물이 맨발을 폐쇄한다
가드라인은 마지막 행간을 바라본다
샤머니즘은 어려운 퍼즐도 포개고
굳은 동작은 알레고리가 풀릴 때까지 진실을 덮어둔다
채집해온 미래를 핵심만 남겨놓고
비커 안에서 0의 숫자만 기억한 채
전속력으로 맨손을 지불한다
온도가 상승해 39를 맴돌때
발명이라는 문구 앞에서 색깔을 찾아 헤맨다
내면이 산책하는 밤이다
복사된 단위는 도형을 그린다
야성의 숲에 갇힌 나는
백지마다 펼쳐지는 세계관을
등 굽은 철심만 창문을 가린다

짝퉁

오늘밤 내가 그녀를 죽여 버릴거야
물수건으로 가락을 완성하고 얼굴을 닦아주지
"뭐 오빠가 아랑드롱이야"
침대 밑에 숨겨진 비밀이
아가리를 벌리고서는
이불 속으로 기어들어가지
구역질나게 아래 방향으로 고분거리다가
참다못해 머나먼 지구에 당도하지
속옷을 벗겨줄 때 수치를 신기루라고 하는
당연한 그 틈에 살아본 적 없는
현재의 색채가
고가도로에 묶어있는 현수막 기둥이지
어긋난 향기로 키우면서
한번 살짝 돌아보는 사이
활짝 핀 꽃은 출혈이 흥건하지
그 틈에 일어서는 시선의 퍼즐
더 멀어진 바깥이 탈골되지

감지된 언덕

하현달이 떠있다
무수한 내일은 신기하다
검은 눈망울을 누가 살짝 얹어 놓고 갔다
입체적으로 묘사된 우물 안에는
마술에 걸린 내 심장소리가 들어앉는다
흙탕물 튕기는 벚꽃바람이
들어가는 것만 보고
나오는 것을 본 사람이 없다고 한다
물빛은 검고 가야할 길이 멀다
내 발소리를 굽던 각진 나무두레박이
고개를 갸우뚱거리며 눈물을 질금거린다
밤하늘의 바다는 애매하다
오랫동안 허망한 음계를 위한
막힌 공기가 하얀 뼈를 갉아먹고 있다
밑동의 높낮이와 좌우를 조절해도, 당신은
슬픈 벽의 꼬리지느러미 속으로 숨어든다
내 발자국에 매달려 당신을 떠나보내듯
거세지는 바람이 움직일 때마다
얼굴을 베어먹는 윤곽을 읽는다

카스테라

그을린 테라스가 활짝 열리면
유리문에 붙은 안내문에는
오래 전에 열린 문이 전속력으로 닫힌다
경계의 발목은 사막을 질주하고
내장을 부풀리는 인쇄물만 쏟아낸다
소리가 꺼질 듯 껍데기를 열어 놓고
방송 타는 것을 좋아하는 내장은
살처분시키라는 음이 대문짝만 하게 아크릴 된다
눈빛들이 조용해질 때까지
움푹 꺼진 표지판을 들고
평형이라도 되길 원한다
전단지는 조간신문 사이에서 문안을 하고
명함은 비명소리가 잡아당기고 있다
지나가는 판촉물을 잡아보지만
소리 나지 않는 반음에
나선형 치료사가 필요하다
두드려도 올라오지 않는 꺼진 건반은
더 이상 실사되지 않고
대형 현수막이 그 자리에 또 붙었다
긴 혀가 타들어간

양꼬치구이가 석쇠 위에서
뜨거운 광고물을 쏟아낸다

판단

좁은 문은 바이올린 독주로 자란다
포식자는 아가리를 벌린 채
물방울 초원에서 소음을 키우고 있다
가파른 산은 계곡으로 떨어지고
떨어져 나간 손가락이 보인다
설레는 무대에서 웃음 꽃다발을 안고
휴대폰 속으로 얼굴을 숨긴다
나는 가볍게 물끄러미 앉아있다가
수면에 취한 주차장으로 간다
철조망이 쳐진 카페로 얼굴을 내민다
바이러스에 감염된
멀리 가지 못한 웃음이 물 한 방울 묻히지 않는다
새장 가장자리에서 발걸음 횟수를 잰다
소음을 복사하면 다 읽을 수가 없다
정중히 모래알은 입안에서
방문객이 되어 드나든다
잠시나마 바람의 조짐으로 보이는
낯익은 얼굴을 전송한다
쿠데타를 꿈꾸던 나는
숨 쉴 때마다 출구를 노크한다

핑크뮬리

뜨거운 바람 앞에서 억새가 먼지를 틀며 나를 끌어앉는다 강물이 입을 벌리고 소프라노를 지휘한다 숲에서 아이가 핑크빛 풍선을 들고 뛰어다니고 꽃의 흔들림도 디카 속에 숨는다 플래시 밖의 웨딩드레스는 어두워져 있고 발가락을 만지며 셈을 한다 먹구름에 밀려난 초록빛 이념 위로 빗방울이 떨어진다 꽃잎 위에 누운 어느 작가를 생각한다 옆으로 체위를 바꾸며 문득 생각난 책장 구석에 내 일기장은 컴퓨터에 향기로 피어난다 관찰해온 각도를 끌어당기자 꽃들의 질투가 계곡으로 뛰어내린다 활주로를 이동하려고 눈을 아무리 비벼보아도 보이지 않는다 나는 수면 위로 눕는다 그러자 나무 그림자도 따라 겉옷을 걸치고 십일 월의 계곡으로 추락해 버린다 머물고 있는 이 문에서 핑크빛 사랑을 베어 문 채 책장을 넘긴다

표지의 실사

귀를 열어둔 얼굴이 언어를 일으켜 세운다 경쟁의 늪에 슬그머니 발을 넣어보는 광장이다 판촉물 디자인 작업을 하던 전단지는 몇 시간의 여유분을 풀어놓는다

물질 중심의 영수증 관계는 승화되는 화석이다 견고한 볼펜을 물리고 나면 명함은 속도를 조절한다 별지에 붙여 그윽하게 스며드는 클래식음악 현실체로 조용한 곳에서 만나자고 한다

도서관 책꽂이에서 희죽이 웃으며 마음속에 간직하고 있던 장미를 본다

대문 밖에서 한참동안 서성거리던 나는 푸른 눈동자를 불러들인다 바람이 되어 식물이 되어 완성되어 가던 날 컴퓨터 마우스와 둥글게 모여드는 물안개와 함께 겨울바다 얼굴에서 만나는 지점까지 등짝을 오므린 채 풍경을 빠르게 펴나른다

모바일 증권에서 서성거리다 수수료를 면제받고

부대시설 부지개발에 발을 헛디뎌 수많은 계절에
숨겨진 나는

씨앗이 되어 버린다

하얀 지팡이

어디선가 한기 몰려오는 산짓골
길을 더듬어서 선뜻 들어서기 먹먹한 골목이다
앞이 보이질 않는 그녀는 내 손목을 잡고
구름은 어둠을 타고 늘 장막이다
사방도로 중간에서 한참 머뭇거리다
느낌으로 가는 쪽만 시야다
끝내 넘어설 수 없는 장벽 하나
넘치는 생기 이내 빠져버린다
가야할 길을 흩어놓고
시야 저 쪽 아련한 불빛
머릿속에서만 길어 올린 하루를 걸쳐들고
포기 못하고 병원 순례를 다녀보지만
끝내 뜨지 못한 우레 앞에서
서서히 어둠 속에 갇혀버린다
얼어붙은 골목은 더 두텁게 닫혀버리고
가지 못한 길만 풀어지며 달아난다
찾아올 수도 없는 빙판길에서 모자라는 얼음이다
구부정한 그늘만 더 깊어지고
웅크린 채 모로 누워 수잠 자다
인기척에 놀라 감추어진 두려움이 자라

"밖에 누구요?"
저 뼈만 붙은 샛문이 열린다

항아리

안테나를 세우니 점자가 연주된다
텔레비전을 들고 배 안으로 들어가
금지된 관을 짜 놓는다
엉덩이는 건강하게 춤추는 봄별이다
반복동작과 율동은 눈동자 없이
미소 짓는 꽃 천을 헤친다
사슴이 뛰어놀던 큰물에서
커다란 바람개비가 도는 공상의 세계로 달려간다
빗방울은 물 밖에서 웃음을 가지고 논다
드라이아이스 스며드는 유리 궁궐에서
목이 없는 마른 인형은 기침을 하다가
그림을 그리던 팔뚝이 떨어진다
뿌리에서 뽑아 올린 생동감의 각질
꽃술에 빠지는 소리에 퍼질러 앉아
기억을 해독하면 지팡이로 부풀리는 난파선이다
침대의 유혹은 뒷머리를 보고 있다
탐욕의 포만감은 오르가즘 속으로 몸을 던진다
달은 바다와 손톱 사이로 흐르고
얼어붙은 고한은 저당 잡힌 채 몸을 밀어 올린다
험한 손질에 멍든 눈알들이

어떤 개안의 손을 놓고 서성거리는데
비밀의 문으로 내 우주는 발소리를 죽이고
빌려 쓴 구름은 곧 빠져 나갈 뜻밖의 포로다

해체는 자유

모더니즘 걸쳐 입고 바늘로 벽을 깬다
더 많은 사유의 맥은 귀가를 서두른다
숨은 부분은 거리가 멀면서도
보안문자 증후군과 미팅을 한다

포스팅해오는 컴퓨터클리닝 맞은편에는
주황색 이층집이 있고
비를 맞고 잡풀 사이를 더듬는다
입이 침묵한다
미싱 속으로 빨려드는 유해는
암매장된 채 출토된다

돋보기를 걸친 강아지가 짖는다
지하에 있는 라이브 카페가 강물을 마신다

발의 무게까지 감지하는 밤은
연거푸 같은 발로 긴장을 푼다
신호대기 중에도 오로라는 숨지 않고
스피커에서 흘러나오는 혈액을 플라스틱 접시에
담는다

무덤에서 걸어 나온 줄기세포 오일을
A4용지에다 쏟아붓는다

화려한 춤

제석골 계곡에 흰 몸 오리 한 쌍이 있지요 이곳은 꽃들이 둘러앉아 물갈퀴로 텃밭을 일구어요 그저 한 때기 밭고랑으로 행복해요

오리는 당신이 가고 없어도 문 여는 법을 터득할 거예요 보고 가르쳐준 탈출기가 숨 쉬는데 조금밖에 없는 억류를 왜 걱정하나요 깊이는 알 수 없지만 끝까지 버틸 거예요 이젠 모든 걸 바람이 몰고 가는 찻집에서 하얀 포말로 아름답게 장식해요

꽃 피던 자리가 익어가는 소리에 포근한 생각들을 접을 수 없어요 어느 날 맛장 뜨는 돌팔매질에 얼음연못이 입을 닫아버려요

가뭄이 들어 땅바닥이 들어나고 안개는 갑자기 바다를 접수해요 투망을 건져올리는 소리에 내 귀가 민감해요

파문은 도랑 어귀에 누워 있어요 귓속에 담긴 슬픔을 찌꺼기 속에 넣고 결정체를 말한다면, 대꾸할

힘이 없어요

등산로 가는 길목에 달개비가 온 몸이 풀어진 채 외줄을 타고 있어요

활주로를 걸어가는 소나기

발자국을 밀어내던 도구는 조각이다
언제나 바깥으로만 맴돌고 있다
유통기한이 남은 날까지
붉은 날갯짓을 하는 단정학은
긴 터널을 빠져나와
꽃집을 탐문하는 것이 일상이다
손에 땀을 쥐며 진료실을 찾고
베틀에 앉아 프로그램을 짠다
때론 실이 약하여 끊어지고
허공에 감옥을 길게 내뿜기도 한다
어느덧 아름다운 환생이 나를 반기고
파편들을 종이 위에 건져올려
그대로 숙성시킨다
그러다가 또 침몰이다
조금씩 A4용지 위에 먹물이 스며든다
한 행씩 감겨오는 얼굴이 스킨십을 한다
숨기지 않고 걸어 나온 비밀의 정원은
건널목에서 푸른 신호를 기다린다
감성주의자가 소음에 휘청거리다가도
은빛향기 묻어나는 춤을 추고 있다

나선을 그리며 구름 밖으로
바람이 마르고 있다

휘발되는, 12월

뽕나무 오디를 여물 먹듯 따먹는다
절정에 오른 눈빛은
입술을 오물거리며 서로를 보고 웃는다

햇살은 리듬에 맞추어 음표를 스케치한다
힘 있게 양팔을 뻗던 가지 위에서
무엇을 위해 사냐고 묻는다
잔뿌리가 정원까지 뻗는다

흔들리던 말갈퀴만 바람을 불러온다
끝내 전해지지 못한 말들이 고개를 돌렸을 때
꽃그늘로 숨어들어 맴돈다
허공 속 짙은 향기가
검은 구름으로 차오를 뿐
고음에 유리창이 깨어지며 빗방울이 절뚝인다
커다란 잎사귀가 스웨터 안으로 들어온다

렌즈에 잡힌 빙판길에서
높은 음률이 나뭇잎을 흔들어대면
샛바람에 입술 처진 악보는 새파랗게 질린다

지금, 무슨 웃음을 웃을 수 있을까
빈 곳을 만져주는 저녁에 얼굴은 떨어지고
창틈으로 날아가는 구름에
오디는 없는데

함수 관계

8종 드라이버 세트다
십자드라이브는 싱크대 나사를 죄는데 쓰고
일자는 네 마음을 푸는데 쓴다
누수를 고치기 위하여
오랜 시간이 걸렸지만
그래도 풀어야할 너와 나는 남아 있다
기준을 풀기 위해
내 속에 있는 광고물을 지웠다
감은 눈을 지우고
멀어져 가는 발자국도 지우고
그래도 남은 우울한 노래
억지 쓰던 가로풀기를 들여다본다
바꿔 생각해 볼 수도 있는데
말을 더듬을수록
오랜 침묵은 응어리가 풀리지 않는다
넥타이는 시계를 고치는 분자
시간차 공격에 도망쳐 보고 싶어
눈꼬리 내리는 심연의 관계를
거울 앞에 세워본다
결국 본색만 드러나는 차가운 무게
모든 색이 망가져 버린 풍경

□ 해설

충돌의 미학, 시를 미는 힘

유정이 / 시인, 문학박사

충돌의 미학, 시를 미는 힘

유정이 / 시인, 문학박사

러시아 형식주의자 슈클롭스키로부터 출발한 예술(시)에서의 '낯설게 하기'는 자동화된 의식에 충격을 가함으로써 미학의 가치를 부상시키는 장치로 작동한다. 더 이상 새로울 것이 없는 일상적이고 익숙한 사물이나 관념을 거듭 태어나게 하는 기법이 바로 이것이다. 대상을 '낯설게' 하는 작업은 예술을 예술로 만드는 전제 조건이며 시를 시로 만드는 기본 요건이다. 새로운 해석과 표현을 얻기 위해 시인은 일상화한 세계에 접근한다. 자신만의 시각으로 거리가 먼 이미지들의 낯선 결합을 돕거나 충돌의 미를 얻어내려는 기획 아래 좋은 작품을 탄생시킨다.

한 시인이 자신의 작품세계를 구축해 나가는 데에는 몇 갈래 길이 있다. 모더니즘 시인들은 모든 세계를 낯설게 그려내는 데서 시작이 되고, 리얼리즘 시인들은 현실을 새롭게 반추해내는 데에서 시작이 되고, 서정 시인들은 자아의 내면화를 통해 작품을 시작한다.

김미순 시인은 작품의 제재 혹은 이미저리는 낯선 곳에서 찾지 않는다. 그의 시들은 대부분 일상에서 출발하고 있다. 타임캡슐, 배, 격투기, 펜션,방,의상실,유리,바늘,바람,옥수수,컵,벚꽃,씽크대,서리꽃,도로,장미꽃 등에 이르기까지 그녀의 시들은 제목에서부터 일상에서 출발한다. 하지만 시인은 일상의 풍경을 낯설게 묘사해 내는 특장을 가지고 있다. 눈에 포착된 일상의 이미저리는 시인의 예리한 프리즘을 통과해 갈 때 새롭고 낯선 이미저리로 변화한다.

무형의 시간은 알을 품어가는 마법이다 페달을 발아시키는 눈빛에 희석되는 발자국, 환한 후크가 유리창에 비친다 몇 년간 공백에 잠긴 채 발효된다

작은 캡슐 안에 갇혀있는 나는 미네랄 속으로 눈비가 찾아들고 작은 더듬이로 숲을 헤치며 지문을 찾아 물자국 번지는 물비린내 계곡에서 한참동안 편집된다

순환된 버튼을 찾기 위해 정류소마다 기웃거리고 에너지 전환에 몰두한다 뒷문을 나서자 싱가폴 오차

드 로드 해외1호 매장에서 첫 발을 떼며 나온다

풀지 못한 비밀에 지폐의 속도가 푸르다 벚꽃 길에서 한참을 머뭇거리다 터널 속으로 하품을 키우는 동안 모래바람에 시선을 돌린 넓은 공터에서 헛것을 보고 타임머신을 놓쳐버린다

실체의 변화는 변형되고 나를 해체한 손전등을 든 여자가 애인에게 카톡을 날린다

아직 주민번호는 살아남은 것끼리 사는 법이다

–「타임캡슐」 전문

시인은 일상의 세계를 "시간의 알을 품어가는 마법"이라고 하였다. 현실은 그렇게 변해가고 있다. 인간성 상실의 시대에 우리는 거대한 타임캡슐에 갇혀 살고 있다. 지금 우리가 만들어내는 거대한 자본주의의 생산물 하나하나가 타임캡슐에 저장되고 있다. 정류소마다 버스에서 내리는 사람들은 모두가 우주인이다. 뒷문을 통해 내리면 우리는 어제의 공간에서 벗어나 낯선 새로운 세계에 하차하게 된다.

시인은 일상의 세계를 상상력을 통해 새로운 환상의 세계를 낯설게 그려 내었다. 그가 구사하는 시의 문법은 동시대의 누구와도, 전시대의 어떤 작품과도 다르다. "나"라는 시적 화자가 펼쳐 보이는 시인의 내면은 불투명한 그림처럼 놓여 있어 좀처럼

쉬이 읽히지 않는다. 생경하다. 이러한 점이 김미순 시인의 시를 충분히 낯설게 만든다. 그리고 그 낯선 여정이 향하는 지점을 궁금하게 만든다.

항아리 속으로 배추흰나비가 슬쩍 들어간다 푸른 벌판을 넘지 못한 비밀의 관문이 하나 있고 그 위치를 알아내기 위해 덤불 안으로 들어가면 날개는 멸종되지 않는 이브의 초원에서 포식자의 프리즘으로 소리를 먹는다

긴 여백에도 벗어놓았던 길을 품고 얽혀 있는 꽃술들의 얼굴들이 살아나고 있다 아지랑이 잠깐 빌려 쓴 공기방울 목걸이를 목에 걸고 눈에 보이는 은유들을 거침없이 쏟아내는 끈질긴 질주는 은유 속으로 들어간다

밤이 되면 사라지는 왕벌은 원리를 터득하는 한 마리 이방인이다

야행성 빛들이 고구마 밭을 서리하고 씨암탉은 밤사이 이슬이 되고 풀꽃들의 재치가 날아가 버린다

채집된 어두운 가방 속에서 뿌리내린 채 꽃들은 계절별로 감전되고 있다

희미한 무늬는 아직 가보지 못한 좁은 문, 열면 펼쳐지는 마비된 하반신이다

플래시 터지지 않는 방

–「꿀벌 펜션」 전문

표제작인 위의 시는 많은 부분 개인 상징이 포진되어 있어 의미의 접근을 어렵게 한다. 다만 "꿀"을 만들어 내는 벌들의 부산한 움직임과 그 작업이 지속되는 장소를 "펜션"이라 설정하고 이것을 인간이 관여하는 하나의 형태에 빗댄 것으로 추정해 볼 뿐이다. "배추흰나비", "푸른 벌판", "초원" 그리고 "야행성 빛들"이나 "고구마 밭", "씨암탉" 등으로 보이는 몇 단어의 조합은 "펜션"이 위치한 배경을 보여준다.

"펜션"은 규칙적인 일상이 아니라 여가를 보내기에 적절한 곳이다. 쓰고 매운 현실을 벗어난 그곳이 달콤한 "꿀"을 만들 수 있는 곳이라고 설정한 것일까? 그리고 그런 잠깐의 달콤함이 주는 것들이 보유한 허위를 말하고 싶었던 것일까? 이런 생각으로 불투명한 의미를 따라가다 보면 "채집된 어두운 가방 속에서 뿌리내린 채 꽃들은 계절별로 감전되고 있"으며 그 처소에 해당하는 "펜션"을 시인은 "플래시 터지지 않는 방"이라고 단정하고 있음을 발견한다. "감전"을 언급하거나 조명, 즉 주목을 받지 못하는 한 영역임을 강조하고 있다. 어렵지 않은 시어들의 배치에도 불구하고 의미를 캐기에는 지나치게 불투명한 시인의 어법이 묘한 낯설음을 선사한다. 이런 점은 흥미를 끌기에 충분하며, 그녀가 이끄는 미지의 세계로 따라가게 만든다.

남포동 지하철 1번 출구를 나왔을 때
바다 쪽에서는 아직도 태어나지 않는 꿈들이 가라앉아 있다
가로등 높이를 메워버린 불빛 속으로
흩어진 소녀들이 그 앞을 지나갈 때
뜨거운 공기가 휩쓸고 지나간다

젊음이 터를 잡고 있는 유토피아에서
떠들썩했던 하루가 한참동안 머뭇거리다가
옷집 앞을 지나간다

팔월이 펼쳐 놓은 빨갛게 익은 소녀들
먼 기억 속 찬물에 담가놓은 생채기는 빙하만 남아있다
우르르 몰려나간 길도 풀어져 버리고

수줍은 웃음꽃 환하게 열려있는 이파리들 사이에서
언제 피웠던 적 있었느냐며
습한 꿈속 검은 씨앗이 여문다
몸은 버려진 휴지가 되어 혼곤하다

어스름 저녁은
무슨 일로 책상과 삐걱거리며 전율을 만들까

달은 입이 무겁다

대답이 일어선다

나는 빨리 움직인다

–「달의 입」 전문

김미순 시인의 작품의 또 다른 특징은 이미지리가 역동적인데에 있다. 일상의 풍경에서 시작된 시적 묘사는 문장을 통해 역동적인 묘사를 해나간다. 한 시인의 작품이 정적인 면에서 머무르고 마느냐 아니면 끊임없는 묘사를 통해 동적으로 변모해 나가냐는 아주 중요한 항목이 될 수 있다. 대체적으로 그녀의 작품들은 동적인 특징을 가지고 있다. 그녀의 시들은 일상의 풍경에서 시작해서 낯설게 이미저리를 만들어내고, 또한 동적인 변모를 통해 작품의 읽는 맛을 한껏 살려내주고 있다.

웃는 덧니는 죽은 애벌레다
꿈을 꾸며 흔들리는 마음은 날개다
탑은 한 움큼의 묘약이다
마음 골짜기에 흐르는 구름은
손목에 자해를 하고 아파트 옥상에 드러눕는다

새장의 커튼은 종류가 여러 개다
양말을 신고 잠이 들면 먼 곳을 여행한다

이상한 날이다, 버스를 타려는데
딸꾹질이 나오는 겨울 속에서 머물러 있다
엉켜 있는 대화는 누구의 소유일까?
꽃밭을 지나가는 바람이 눕는 소리
곰팡이가 햇살을 씹고 있다

하늘을 향한 끝방에서
나는 가야 할 길을 잃어버려 정적하고 논다
습관은 옆걸음질치는 통행시간이다

흐릿하게 보이는 물체는 넓은 부조가 되어
검붉은 냄새를 풍긴다

–「밤을 자해하다」 전문

흥미로움은 계속된다. 위의 시에는 "손목에 자해를 하고 아파트 옥상에 드러누"운 "마음 골짜기에 흐르는 구름"의 이야기가 기묘한 느낌을 불러일으키고 있다. "새장의 커튼"이나 "엉켜 있는 대화"등으로 짐작해 보는 "자해"의 원인은 그리 중요한 것 같지 않다. 다만 "구름"에 투사된 "나"는 그 무엇과의 과감한 단절을 결행하고 그것을 벗어나 어딘가로 향하는 의지가 있는 자아라는 것을 돋움체로 읽어야 할 것 같다. 하지만 "버스를 타려는데/ 딸꾹질이 나는 겨울 속"임을 인지하는 나는 "곰팡이가 햇살을 씹고 있"는 소리도 함께 듣는다. 손목을 끊듯 과감하게 단행한 무엇도 결국 "가야 할 길을 잃어버려 정적하고 놀"수밖에 없는 현실적 조건을 맞이할 뿐이다. "양말을 신고 잠이 들면 먼 곳을 여행"한다는 천진한 발상은 씁쓸함을 극대화시킨다.

시에도 논리가 있다는 것을 전제한다면 김미순 시의 논리는 단선적이지 않다. 여기저기에서 이미지를 전복시킬 복선이 장치되어 있다. 형상화를 할 때 시인은 유사 이미지보다는 이질적인 이미지를 끌어오는 것은 물론 그 이질 이미지들의 배열을 순차적으로 하지 않는다. 하여 이미지들 간의 복잡한 결합과 거기에서 발생하는 충돌이 독해를 지연시키고 묘한 긴장감을 불러일으킨다. 특히 대부분의 시행을 차지하는 단정적인 은유가 이러한 점을 가중시킨다. "웃는 덧니=죽은 애벌레" 등가나 "꿈을 꾸며 흔들리는 마음=날개", 돌연히 등장한 "탑"이 "한 움큼의 묘약" 이 되는 것, "습관=옆걸음 치는 통행시간"이라는 부류의 은유는 기존의 시에서는 찾을 수 없는 독보적인 자의성을 담보한다. 대상을 이처럼 자의적으로 접목시키는 특징적인 방법은 시집 전체를 통틀어 쉽게 발견된다.

옆에서 나를 깨우는 거친 색채들이
건조한 공기를 내뿜는다
유리의 각도로 냄새는 끼어들 때마다 흔들리는 머리다
말 바꾸기를 자주 하는 아편은 불시착한 증언이다
지하철 안에 갇혀 탈출구를 찾지 못하고
지나가는 바람에게 두들겨 맞는다
팔 하나 심장 없는 나를 보며
최선의 발원지에 자존심을 버린다
내 머릿속은 빨래더미가 되어가고 있다
마음속에 있는 흐린 독백을 전하지 못해
허우적거리다 돌아오는 날이면
짙은 구름에 며칠 동안 묻히고 만다
안간힘으로 버티다 어딘가로 숨고 싶다
귀머거리가 된 어느 교실에서
나는 그믐달을 이고 뛰어봤다
앓아 누운 머리맡에 푸른 신호등은
새파랗게 저체온 현상으로

옆구리 한 쪽마저 북극곰이 되어
얼음 위를 둥둥 떠다니고 있을
순한 입이 내 손을 잡아준다
꽃으로 치장된 간이의자를 편다

–「이방인」 전문

"이방인"은 다른 나라 사람을 지칭하는 말로, 적소에 섞이지 못하고 주변을 맴도는 사람을 일컫는다. 그는 "나"로 표현되는 시의 주체이면서 대상을 포괄한다. 이 시에 보이는 "나"를 정리해 보면 다음과 같다. "나"는 "건조한 공기를 내품"는 "거친 색채들"에 의해 잠을 깨는 자이다. "탈출구를 찾지 못하고/ 지나가는 바람에게 두들겨 맞"는 "나"는 "팔 하나 심장 하나 없"어 "자존심을 버"리는 사람이다. "머릿속은 빨래더미가 되어가고 있"으며 "흐린 독백을 전하지 못해/ 허우적거리다 돌아오"는 자이며 "귀머거리가 된 어느 교실에서" "그믐달을 이고 뛰어 본"사람이다. "앓아 누우"면 결국 "순한 입이 내 손을 잡"아주는 사람이며, 비록 "간이"이기는 해도 "꽃으로 치장된" "의자"를 펼침으로써 주어진 숙명에 순응하는 사람이다. 이런 성격으로 규정되는 인물을 시인은 "이방인"으로 표현한다. 결핍과 소외라는 실존의 조건을 전방위로 살아내는 누군가를 말하고 있다. "이방인"으로서의 "나"의 적시가 두드러지는 지점이다.

김미순 시인의 시 안에는 "나"의 등장이 빈번하다. 이 또한 그녀 시의 특징 중의 하나이다. 시에서의 "나"는 시를 이끌어나가는 화자이면서 그 주체이다. "알 수 없는 톱니바퀴 속으로 들어가는"(「양생중」) "나", "페이지마다 지워지"(「위험한 도로」는 "나", "작은 캡슐 안에 갇혀 있는"(「타임캡슐」 "나" "잿빛을 안고 분주하게 뛰어다니는"(「바람의 두께」) "나", "쿠데타를 꿈꾸던 나"(「판단」) 등등 적재의 적소에 수많은 "나"가 시를 이끌어가거나 그 안의 주인공이 되는 경우를 쉽게 발견할 수 있다. 이런 자의식은 "나"를 과감하게 정의하기도 하는데 다음과 같은 경우이다.

> "나는 공중 그네 타는 공기방울이다"(「로이유리 속에 들어 앉다」)
> "나는 우주 속을 들어가는 굴절이다"(「바늘구멍」)
> "위장된 나는 … (중략) … 그늘이라는 산책자입니다"(「방음된 컵을 수집합니다」)
> "나는 … (중략) … 미쳐있는 사랑이다"(「부재중」)

"공기방울"과 "우주 속을 들어가는 굴절", "그늘이라는 산책자" 그리고 "미쳐있는 사랑"등 각각의 시에서 "나"를 규명하는 내용은 정황에 따라 매우 상이하지만 이 모두를 망라하는 공통점은 과감하고 거침이 없이 "나"를 규정하거나 대상화한다는 것이다. 조금의 선입견도 없이 시를 통해 보이는 시인의 내면이 강철(요즘 유행하는 말로는 '멘탈이 강하다' 라고 한다) 같이 느껴지는 이유는 이런 점에 기인한다. 하지만 이 또한 연약한 마음을 다잡으려는 시인 자신의 강한 의지의 표현이라 볼 수 있다.

8종 드라이버 세트다
십자드라이버는 싱크대 나사를 죄는데 쓰고
일자는 네 마음을 푸는데 쓴다
누수를 고치기 위하여
오랜 시간이 걸렸지만
그래도 풀어야할 너와 나는 남아 있다
기준을 풀기 위해
내 속에 있는 광고물을 지웠다
감은 눈을 지우고
멀어져 가는 발자국도 지우고
그래도 남은 우울한 노래
억지 쓰던 가로풀기를 들여다본다
바꿔 생각해 볼 수도 있는데
말을 더듬을수록
오랜 침묵은 응어리가 풀리지 않는다
넥타이는 시계를 고치는 분자
시간차 공격에 도망쳐 보고 싶어
눈꼬리 내리는 심연의 관계를
거울 앞에 세워본다
결국 본색만 드러나는 차가운 무게
모든 색이 망가져 버린 풍경

–「함수 관계」 전문

이러한 특징은 위의 시 「함수 관계」를 통해서도 일별할 수 있다. 화자로서의 "나"는 "너"와의 관계를 "함수"로 놓고 그것을 풀이의 대상으로 접근하고 있는데 이때 화자는 문제를 해결해나가는 방편으로 "8종 드라이버 세트"를 집어 드는 모습이 이채롭다. "십자드라이버로는 싱크대 나사를 죄는데 쓰고" "일자"드라이버로는 마음을 푸는데 쓴다는 발상이 흥미를 더한다. 관계의 "누수를 고치기 위하여/ 오랜 시간이 걸렸지만/ 그래도 풀어야할 너와" 내가 "남아 있기"에, 그 원활한 회복을 위하여 이리저리 모색을 해보는 모습은 7행의 "기준을 풀기 위해"부터 시작하여 19행 "거울 앞에 세워본다"까지로 이어진다. 그러나 처음부터 적절한 해법은 아니었던 듯, 아니 어쩌면 처음부터 해법이 불가능한 관계였던 듯 최종적으로 "결국 본색만 드러나는 차가운 무게/ 모든 색이 망가져 버린 풍경"으로 시는 마무리된다. 낯선 이미지들의 과감한 결합과 단정적이고 자의적인 비유는 시를 끝까지 밀고 나가는 힘이 된다. 그 힘으로 힘겨운 세상의 벽을 깨고 한 걸음씩 앞으로 나아가고 있는 것이다.

> 모더니즘 걸쳐 입고 바늘로 벽을 깬다
> 더 많은 사유의 맥은 귀가를 서두른다
> 숨은 부분은 거리가 멀면서도
> 보안문자 증후군과 미팅을 한다
>
> 포스팅해오는 컴퓨터클리닝 맞은편에는
> 주황색 이층집이 있고

비를 맞고 잡풀 사이를 더듬는다
입이 침묵한다
미싱 속으로 빨려드는 유해는
암매장된 채 출토된다

돋보기를 걸친 강아지가 짖는다
지하에 있는 라이브 카페가 강물을 마신다

발의 무게까지 감지하는 밤은
연거푸 같은 발로 긴장을 푼다
신호대기 중에도 오로라는 숨지 않고
스피커에서 흘러나오는 혈액을 플라스틱 접시에 담는다

무덤에서 걸어 나온 줄기세포 오일을
A4용지에다 쏟아붓는다

–「해체는 자유」

이 시는 어느 지점에서 출발한 후 귀가하기까지의 시간과 거리를 몇 개의 화면처럼 보여주고 있다. 출발은 "모더니즘을 걸쳐 입는" 것에서부터다. 그렇다면 "신호대기"를 거쳐 목적지까지는 물리적 거리일 수도 있고 사유의 거리일 수도 있겠다. 시의 제목이 "해체"인 것을 보면 이는 서구 형이상학의 "해체"에 줄을 대고 있는 지도 모른다.

'주어진 것으로서의 전체성, 즉 신이나 이성 등 질서의 기초에 있는 것을 비판하고 사물과 언어, 존재나 표상, 중심과 주변 따위의 이원론을 부정하고 다원론을 내세우는 것' 이 1960년 프랑스 데리다가

주창했던 해체주의의 중심내용이다. 이런 저간의 이해를 시인은 "보안문자 증후군과 미팅"이나 "포스팅해오는 컴퓨터클리닝"을 들먹이기도 하고 "돋보기를 걸친 강아지"나 "강물을 마시"는 "카페"의 이미지를 사용한다 "무덤에서 걸어 나온 줄기세포 오일을/ A4용지에다 쏟아붓는" 행위로 표현하기도 한다.

기존의 것을 옹호하거나 고수한다면 새로운 것은 탄생하지 않으니 단단하게 규정되어 있다고 믿는 것들을 헤집어서 풀어내는 것, 그래서 시인은 의도를 갖고 이처럼 낯선 작업들을 과감하게 하고 있을 것이다. 앞선 시에서 살펴보았듯 자의적이고 단정적인 방식으로 전개된 시인의 시적 은유는 이러한 이해와 실천에서 비롯된 것이라고 짐작된다.

김미순 시인의 시는 낯설고 생경하다. 그가 구사하는 시의 문법은 새로운 길을 헤치며 가는 자의 걸음이다. 김미순 시인이 작품에서 보여주는 지평과 언어들은 예술의 전제조건과 시의 기본 요건을 찾아가는 정도正道임이 확실하다.

이 시집을 통해 시인은 자신의 작품세계를 새롭게 변모시켜 나가기 위해 얼마나 많은 땀을 흘렸는가를 충분히 인식시키고 있다. 작가가 바라보는 현재와 연민들은 관통하는 정신이다. 김미순 시인은 독자를 어디까지나 동행하게 한다. 이것이 시집을 읽는 독자의 손에 꼬옥 쥐어줄 시인의 자그마한 선물이 될 것이다.

꿀벌 펜션

시와사상 시인선 29

찍은날 | 2018년 10월 23일
펴낸날 | 2018년 10월 26일

지은이 | 김미순
발행인 | 김경수
펴낸곳 | 시와사상사
부산광역시 금정구 부곡동 325-36번지
전화 : 051-512-4142
팩스 : 051-581-4143
E-mail : sisasang94@naver.com
http://www.sisasang.co.kr

등록번호 | 제05-11-7호
등록일자 | 2005년 7월 18일

인쇄처 | 도서출판 세리윤

값 9,000원

ISBN 978-89-94203-22-5 04810
ISBN 978-89-958264-1-6 (세트)

• 이 도서의 국립중앙도서관 출판예정도서목록(CIP)은 서지정보유통지원시스템 홈페이지(http://seoji.nl.go.kr)와 국가자료공동목록시스템(http://www.nl.go.kr/kolisnet)에서 이용하실 수 있습니다. (CIP제어번호 : CIP2018033178)
• 잘못된 책은 바꾸어 드립니다.
• 지은이와 협의에 의해 인지는 생략합니다.